〈てい談〉

若者の声が政治に届けば この国は変わる。

NO YOUTH NO JAPAN 代表理事
能條桃子
×
安江のぶお
×
室橋祐貴
日本若者協議会 代表理事

安江のぶお

〈てい談〉

若者の声が政治に届けばこの国は変わる。

公明党が公約で掲げた被選挙権年齢の引き下げ

安江　お二方とは、若者政策や若者の政治参加について忌憚《きたん》なく話し合えればと思います。

　私は二〇一九年に三十二歳で参議院選挙に初当選して、すぐに公明党の学生局長の任を拝しました。ほどなく起こったコロナ禍《か》では、困窮《こんきゅう》する学生への緊急支援に関する提言の草稿を書かせていただきました。我が党には積極的に若手を登用する伝統があり、そのありがたさを感じ続けています。

　その一方で、国会議員の平均年齢は五十代半ば。党の内外で世代間ギャップを感じることがよくあります。若者の声を届けるためには、やはり若い政治家を増やす必要があります。

室橋　二〇一五年に「日本若者協議会」を立ち上げたのですが、当時は公明党のことをよく知りませんでした。ただ、設立後すぐに当時の山口那津男《なつお》代表が会ってくださったことを覚えています。

　ちょうど選挙権年齢が十八歳以上に引き下げられた年で、どの政党も若者の票の獲得に注力していたのですが、その流れは長続きしません。若者の声を聞き続けてくれたのは、公明党だけです。こども基本法の制定など、子ども・若者の声を政策実現にも生かしてくれています。

　それを可能にしているのは、常日頃から取り組まれている対話だと思います。他党の議員には聞く耳を持たない人が少なくありません。むしろ、説教をしてくることすらある。それに対して、公明党の皆さんは若者の意見を真摯《しんし》に聞いてくれるんです。そうした姿勢を僕は信頼しています。

能條　選挙権年齢が引き下げられて最初の国政選挙は二〇一六年の参院選でした。私はちょうど十八歳でしたが、当時は公明党

PROFILE

能條桃子

のうじょう・ももこ

(NO YOUTH NO JAPAN 代表理事)

　1998年生まれ。神奈川県出身。慶応義塾大学経済学部卒業。同大学院経済学研究科修士課程修了。デンマーク留学をきっかけに、政治活動への関心を強め、若者の政治参加を促進する団体「NO YOUTH NO JAPAN」を2019年に設立し（翌20年に一般社団法人化）、代表理事に就任。

に対して政権与党というイメージしか持っていませんでした。
　そんな私が「NO YOUTH NO JAPAN」を立ち上げたのは二〇一九年です。以来、公明党の皆さんとの接点が増えていきましたが、最も印象的だったのは今回（二〇二四年）の衆議院選挙でした。私たちがかねて主張してきた被選挙権年齢の十八歳以上への引き下げを公約に掲《かか》げてくださったからです。公明党の「小さな声を聴く力」を実感した出来事でした。
　日本の若者には一部に「声を上げたところで何も変わらない」といった諦観《ていかん》がありますが、私たちの声を公明党が公約に掲げてくれたのは本当に嬉しかった。若者に真摯に向き合ってくださる政党だと感じています。

安江　ありがとうございます。被選挙権年齢の十八歳以上への引き下げについては、私も覚悟をもって党内の合意形成に努めました。

「ユーストークミーティング」で青年世代の声を聴く安江氏

大学無償化を主要な政治課題に押し上げた

安江　公明党は以前から若者の声を聴き取るために、青年世代と語らう「ユーストークミーティング」や、街頭でのアンケート運動「ボイスアクション」といった取り組みを全国で推進してきました。そこから実現した政策には、携帯電話料金の引き下げや、不妊治療の保険適用、インターネット上の誹謗中傷《ひぼうちゅうしょう》対策などがあります。聴き取った声をしっかりと政策に落とし込み、官邸や政府に伝えて、実現するまでフォローアップする。そうしたサイクルが我が

PROFILE

室橋祐貴

むろはし・ゆうき

（日本若者協議会 代表理事）

1988年神奈川県生まれ。慶応義塾大学経済学部卒業。2015年に一般社団法人「日本若者協議会」（Japan Youth Conference）を設立し、代表理事に就任。政治に若者の声を反映させるべく、政府や各政党、地方自治体などに政策協議や提言を行っている。

党には確立しているのです。

能條　私が留学したデンマークには学生ユニオンがあって、学校のクラスで話したことがそのまま全国組織につながる仕組みがありました。それに比べて、日本には若者を組織する仕組みがないため、一部のアクティブな人たちの意見が〝若者の声〟として政治に届きがちです。

　政治側の課題は、政治に関心のない人も含めたできるだけ広い層の声を定期的に拾い上げることです。その点において、公明党のユーストークミーティングやボイスアクションはとても有効です。選挙前のアピールではなく、継続的に行われているからこそ、実態に即した若者の声をキャッチできていると思います。

室橋　先の衆院選では、各党が給付型奨学金《しょうがくきん》などの大学無償化を公約に掲げていましたが、それを主要な政治課題に押し上げたのは公明党だと僕は見ています。自公政権ではなく自民単独政権だったら、こうはなってなかったはずです。公明党は幅広い声を聞いているからこそ、普通の人たちの暮らしに直結する政策を練り上げ、一つずつ実現できるのだと思います。

　他党ともお付き合いしていると、公明党の特徴がよく分かります。他党は個人商店の集まりのような感じなので、政治課題がなかなか党全体で共有されていません。公明党はすぐに共有されるので、党内の人事で政調会長や部会長などが変わっても、継続して政策が推進されるのです。これは公明党の大きな強みです。

安江　ありがとうございます。政治に関心がある一部の人たちだけでなく、できる限り広い層の方々の声を聞く。その背景には公明党の「大衆とともに」という立党精神があります。また、政治課題の共有については、党のモットーである「団結第一」が生きています。

話を聞くだけでなく進捗も伝えてくれる

能條　他党の議員のなかには一部ではありますが、若者や女性を見下《くだ》すような男性議員がおられます。また、話を聞くだけでまったく動いていただけないことも少なくありません。公明党の議員に若者・女性を見下す人は一人もいませんし、聞きっぱなしにする人もいません。提言したことに関しては、議員本人や秘書の方がこまめに進《しん》捗《ちょく》状況を知らせてくれるんです。

　よく言われますが、公明党は政治家に〝なりたい人〟ではなく、〝なってほしい人〟を候補者にされています。だからこそ、議員の質がよいのだと思います。

室橋　質がいいというのは確かですね。一概には言えませんが〝政治家になりたい人〟は権力志向が強い傾向にあって、そう

私たちの声を公明党が公約に掲《かか》げてくれたのは本当に嬉しかった。若者に真摯《しんし》に向き合ってくださる政党だと感じています。

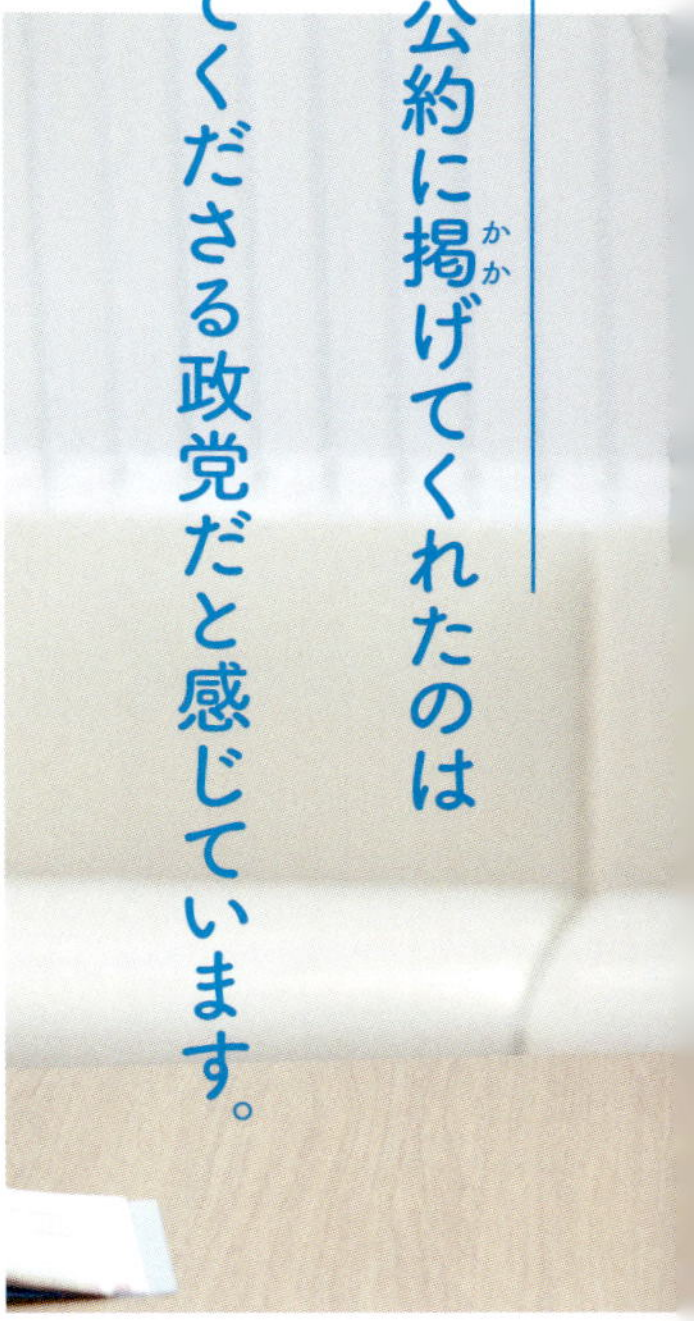

いう人ほど若者や女性に厳しい態度を取ることがあると感じます。他薦の議員は、そもそも他者に対する振る舞い方が違いますね。

　公明議員は進捗をつぶさに知らせてくれるというのも本当にその通りで、引き続き大事にしてもらいたい姿勢です。僕たちのような若者団体にとっては、変化を実感できることが何よりの自信と力になりますので。

安江　団体からの提言や市民相談を受けた際には、必ず進捗を伝えるというのは、私の場合は地元の公明党の先輩議員の方々から教えていただきました。これは全国どこでも同じだと思います。

　また、国会議員以上に現場で丁寧《ていねい》に仕事をしてくださっているのは、全国に約三千人いる地方議員です。〝党の宝〟である地方議員の皆様と力を合わせて仕事に励《はげ》んでまいります。

移行期を迎えた若者の政治参画

安江　お二人は、いまの若者の政治参画《さんかく》についてどのようにご覧になっていますか。

室橋　いまはちょうど移行期にあると思っています。先にも触れた通り二〇一五年に選挙権年齢が引き下げられて、学校でも主権者教育が行われるようになりました。かつては授業で現実の事象を扱《あつか》うことがほとんどなかったのですが、最近では「公共」や「探求」の授業でどんどん扱われるようになっています。

　若者の意識は着実に変わってきました。少子高齢化や実質賃金の低下などに危機感を抱《いだ》く一方、女性議員が半数を占《し》める地方議会が次々と誕生したことで政治の変化も実感でき、関心が高まってきています。若者団体も増え、以前は活動と言えば選挙啓《けい》発《はつ》かデモばかりでしたが、いまではどの団体も政策提言を行っています。

能條　いまの若者は金銭的にも時間的にも余裕がない人が増えています。その一方で、法律では十八歳成人になったはずなのに、社会ではまだまだ半人前みたいな扱いを受けてしまう。こども基本法には、子どもと若者の意見表明権も含まれていますので、今後はさらに権利意識を根付かせてい

新城市の若者議会を視察した際に
関係者と意見交換をする安江氏

くべきです。私が訴《うった》え続けている被選挙権年齢の十八歳以上への引き下げには、そうした狙いもあります。

子ども・若者にしか見えない景色がある

安江　既存《きそん》の枠組《わくぐ》みのなかで行動するのではなく、あくまで若者自身が権利の主体として活動する。私の地元・愛知にはその好《こう》事例《じれい》があります。私も視察に行かせていただいた新城《しんしろ》市の若者議会です。新城市では若者議会を正式に市長の諮問《しもん》機関として位置付け、予算も与えています。

若者は、自分たちの意見が実際に市の図書館のレイアウトに反映されるなどの経験を通して、声を上げれば社会が変わるという実感を得ているようです。このように、実行力のある機関として子ども・若者議会が各地で増えていくことが望ましいですね。国でもそうした施策《しさく》を増やしていきたい。

先に能條さんから、十八歳で成人を迎えてもまだまだ社会から半人前として扱われるという話がありました。少年法の適用年齢や奨学金における親の所得制限など、法律や制度の整合《せいごう》について熟議《じゅくぎ》しなければならないことはたくさんあると認識しています。

民主主義は、多様な属性の人が意思決定に参画《さんかく》するときに最も真価を発揮するものだと思います。

能條　高校生になれば、アルバイトで稼《かせ》いだお金で買い物をして消費税を納め、社会を支える側にもなるわけです。高校生のアルバイトがいなければ営業できないお店もたくさんあります。

日本では「社会人」という言葉が高校や大学等を卒業して働いている人という意味で使われていますが、子どもや大学生だって社会の一員として生きていますよね。確かに社会経験は浅いけど、例えば小学生のころからスマホやタブレットを使っている世代にしか見えない景色もあります。そうした世代の視点を、社会や制度にもっと生かしていくべきだと思います。

室橋　日本は年齢に縛《しば》られ過ぎている感がありますよね。ヨーロッパだと三十歳前後で大学に通っている人なんてたくさんいますし、発達の状況に応じて小学校への入学を一年遅らせたりもします。自分の人生なのだから、自分のペースで学べばいいし、働けばいいという考え方なんです。日本も今後は、個人が社会に合わせるのではなく、社会が個人に合わせていかなければいけないと思います。

小さな声を聴いて、
それを一つ一つ政策に
落とし込んで実現していく。
公明党の皆さんには、
これまでやってきた通りの仕事を
堅実に続けてほしい。

投票に行かない若者から返ってきた意外な答え

室橋　僕が懸念《けねん》しているのは、子どもたちの生活に余白《よはく》がないことです。以前よりは自分で物事を深く考える教育が行われるようになりましたし、民主的な校則の見直しなんかも進んでいます。しかしその一方で、依然《いぜん》として入試のための勉強や校則に縛られている実態があります。いまの日本の高校生って、おそらく世界で一番忙しいと思いますよ。授業があり、部活があり、塾があり。それに社会活動をやっている人もいますからね。既存の社会からの要請に応えざるを得ない状況を、なんとか変えていかなければなりません。

安江　私は文部科学大臣政務官を一年間務めて、教育改革には入試改革が必要不可欠だと痛感しました。公明党は、二〇二四年九月に「二〇四〇ビジョン」の中間とりまとめを発表しました。そのなかで一番目の柱にしているのが教育であり、室橋さんがおっしゃるように個人にアジャスト（適合）する教育を目指そうとしています。

能條　主権者教育ももう一段深まっていくとよいですね。選挙権年齢が引き下げられた直後に比べれば格段によくなっていますが、実際の政党名を出さないで行う主権者教育にどこまで意味があるのかと疑問に思う部分もあります。

投票に行かない若者に話を聞いてみると「面倒くさい」と言う人が少なくありません。でも、もう一歩踏み込んで聞いてみると、意外な答えが返ってくるのです。忙しくて政治に関心が持てていないので、自分なんかよりも詳《くわ》しい人が投票したほうが社会はよくなると思う――と。

単に面倒くさいのではなく、真面目に考えた結果、きちんとした投票ができる自信を持てずに躊躇《ちゅうちょ》しているのです。半面では主権者教育が浸透《しんとう》しつつある証拠ですが、もう半面では、かえって政治参加のハードルを上げてしまったと言えます。このハードルをいかに下げるかが今後の課題です。

教育現場で始まった思い切った取り組み

能條　私は高校生に対するワークショップを行っていて、民主主義の練習も兼ねて、まずは言いたいことをなんでも言って

もらう機会をつくっています。高校生から出てくる意見で最も多いのは「もっと休みたい」「もっと寝たい」というものでした。親の「いい学校に行って、いい就職をしてもらいたい」という気持ちは、子どものことを大切に思うからこそですが、それが善意なだけに「休みたい」「寝たい」という子どもたちを不憫《ふびん》に思います。親御さんたちが悪いわけではなくて、やっぱり社会構造を変えないといけませんね。

安江　学校で教える内容が多過ぎる「カリキュラム・オーバーロード」も解消せねばなりません。個人的に関心を持っているのは、渋谷区が二〇二四年度から区立の全小中学校で始めた取り組みです。座学は午前だけ、午後は思い切り「探求学習」に充《あ》てる。そのくらい思い切った取り組みを、どんどん進めたほうがよいと思います。

室橋　目黒区は小学校の授業時間を五分短縮して四十分授業を導入しています。短縮して生まれた時間を独自の教育活動に充てたりして、学びと生活の質を高めようとしています。

子ども・若者を「権利の主体」として尊重する社会へ

安江　民主主義は、多様な属性の人が意思決定に参画するときに最も真価を発揮するものだと思います。日本はまだまだ子ども・若者や女性の参画が十分とは言えません。そうした意味でも、子どもや若者、女性がもっと自分たちの意見を世の中に発信していける仕組みが必要です。

室橋　小さな声を聴いて、それを一つ一つ政策に落とし込んで実現していく。公明党の皆さんには、これまでやってきた通りの仕事を堅実に続けてほしい。こども基本法が施行されて、日本社会はようやく子ども・若者を権利の主体とした社会づくりのスタート地点に立ったのです。

やはり、大人たちがつくった枠で子どもや若者が声を上げるという構造ではいけません。そのことを権利の観点から最も理解してリードしてくれるのは間違いなく公明党です。とりわけ最年少の参議院議員である安江さんには期待しています。

安江　ありがとうございます。

能條　私からは、改めて被選挙権年齢の引き下げをお願いしたいと思います。年齢を引き下げるなら二十三歳以上が適切ではないかという声もあります。大学を卒業したタイミングがいいという考えでしょう。しかし、大学生も社会に生きる一員ですから、成人年齢や選挙権年齢と同様に十八歳にしていただきたい。先の衆院選で公約に掲げてくださった公明党が強力に推進してくれると期待しています。そして、ぜひとも公明党から、地方議員も含めて、十代や二十代前半の政治家が誕生することを願っています。

安江　今日は多くの具体的な要望とアイデアをいただきました。期待をいただいたということは、それだけの責任があると自覚しています。党の仲間と団結して全力で取り組み、若者が希望を持って輝ける未来を開いてまいります。

〈対談〉

いま政治家に求められているのは「覚悟」です。

杉 良太郎
歌手・俳優

×

安江のぶお

〈対談〉いま政治家に求められているのは「覚悟」です。

安江のぶお

"闇バイト"は犯罪実行者の募集

安江　国民的な歌手・俳優であられる杉良太郎先生は、長きにわたり災害支援や福祉活動、海外との文化交流などを続けてこられました。なかでも法務省特別矯正監《きょうせいかん》や警察庁特別防犯対策監といった立場で、受刑者の矯正教育や防犯対策のみならず、さまざまな施策《しさく》に取り組んでおられます。どちらの役職も、名誉職ではなく省庁のなかに入って実務的に活動されているそうですね。今日は、これまでのご経験を通して、いろいろとご教示いただければと思っています。

杉　よろしくお願いします。

安江　初めに伺《うかが》いたいのは、いわゆる"闇《やみ》バイト"についてです。最近では強盗殺人事件が起きるなど、被害が深刻化しています。杉先生は、現下《げんか》の状況をどうご覧になっていますか。

杉　「いわゆる」とおっしゃったように「闇バイト」というのは正式名称ではありません。

安江　メディアの俗語ですね。

杉　そう。警察庁は犯罪の実態に照らして「犯罪実行者の募集」と呼んでいます。「闇バイト」という呼称《こしょう》が、実態から目を逸《そ》らす大きな要因になっており、若者たちが字義《じぎ》通り"バイト感覚"で重罪を犯《おか》してしまっているのです。

安江　バイトではなく犯罪者を募《つの》っているということを強調しないといけませんね。

杉　バイト感覚で犯罪に手を染めてしまうと、まったく割《わり》に合わない。そのことをもっと発信しなければいけません。

安江　おっしゃる通り、軽い気持ちで取り返しのつかない重い罪を犯してしまうのが何より恐ろしい点です。

杉　少年期の子どもたちが巻き込まれるケースの量刑については議論が必要です。少年院の場合、一般的には八カ月から十カ月で外に出てこられます。それでは犯罪を繰り返してしまう場合がある。長期処遇《しょぐう》、教育、反省期間は検討し直す必要があると思っています。

自分事として受け止める姿勢

安江　一般の住民目線での防犯対策、つまり被害者を生まないための対策としては、どのようなことが重要だとお考えですか。

杉　特殊詐欺《さぎ》の被害者は、近年こそ若者も増えてきていますが、やはり圧倒的に高齢者が多い。政府の犯罪対策閣僚《かくりょう》会議は

PROFILE

杉 良太郎

すぎ・りょうたろう

(歌手・俳優)

1944年兵庫県生まれ。65年歌手デビュー。67年NHKの時代劇「文五捕物絵図」の主演で脚光を浴びる。以降、「遠山の金さん」「新五捕物帳」など1400本以上の作品に主演するほか、舞台でも活躍。新歌舞伎座では前人未到の最多50回連続出演記録を作る。歌手としては、ミリオンセラーとなったヒット曲「すきま風」がある。デビュー前より社会貢献活動を続け、現在は法務省特別矯正監、厚生労働省特別健康対策監、警察庁特別防犯対策監を永久委嘱で務める。緑綬褒章、紫綬褒章受章のほか、文化功労者にも選出。2024年に芸能活動60年目を迎えた。

「国民を詐欺から守るための総合対策」を取りまとめており、そのなかには次のような文言があります。「各省庁等は、本総合対策に基《もと》づき、地方公共団体、民間事業者等の協力を得ながら、各種施策を強力に推進する」と。しかし、これがなかなか組織の末端《まったん》にまで浸透《しんとう》しない。閣僚会議で決められたことを実行に移すための連絡会議の設置が必要だと考えています。

その上で私としては、全国の所轄《しょかつ》署を根気強くまわって意見交換会などを開き、説明や叱咤激励《しったげきれい》をしています。

安江　自《みずか》ら足を運ばれているんですね。意見交換会ではどのような声がありますか。

杉　警察官が高齢者のお宅を訪問して注意喚起《かんき》をしても、なかなか話が通じないという声が多々ありました。私が提案したのは警察用語ではない平易《へいい》な言葉を用いることです。また、耳を傾《かたむ》けていただけるように、実際の被害者がどれだけ大変な思いをしているかを話すようにもアドバイスしました。

警察は地域の自治会などに協力を仰《あお》ぎながら、戸別訪問を展開しているところです。高齢者がどのように被害に遭《あ》ってしまうのかについては、さらに分析を進めなければ

他者のことを思いやるというのが政治の基本です。それをやってきたのが公明党です。だから、公明党には頑張ってもらわないといけません。

なりません。また、せっかく現場で捕《つか》まえても、令状を発行してもらうのに時間がかかる問題も指摘しました。

安江　本当に頭が下がります。犯罪被害を防ぐには、やはり草の根の地道な活動が欠かせませんね。

刑事手続のIT化は進めています。裁判所に令状を求めるなどの手続は、現状では紙で行われています。私も弁護士でしたので、IT化が進めば現場の捜査《そうさ》官の人たちがどれほど助かるかはよく分かります。

杉　防犯の観点で私が強調したいのは教育の重要性です。高齢者も若い人も、テレビや新聞で特殊詐欺の報道を見ても、ほとんどの人にとっては他人事《ひとごと》です。自分事として受け止めなければ、犯罪を未然に防ぐことはできません。

安江　おっしゃる通りです。我が身を守り、助け合う社会を築いていくには、一人ひとりが想像力や共感力、そして正しい危機感を持つことが求められます。私自身もそうですが、あれだけ巨大地震に備えるように促《うなが》されてきましたが、二〇二四年八月に南海トラフ地震臨時情報が出されて初めて危機意識を持った方が少なくないはずです。自分事として受け止める姿勢というのは、とても重要ですね。

杉　なんでもそうです。私はこれまでに多くの国会議員の先生方に「ハンセン病の療養《りょうよう》施設や原爆病院に実際に足を運ばれたことはありますか」と問いかけてきました。もし自分がハンセン病にかかっていたらどうするんだ。原爆の被害に遭っていたらどうするんだと。国会議員の皆さんにこそ、あらゆる問題を自分事として引き受けてもらいたい。

ことあるごとに立ち返る不滅の原点

杉　地震の話が出たので加えて申し上げると、我が国にはいまのところ航空消防隊がない。能登《のと》半島地震や阪神・淡路大震災で起きた火災は、航空消防隊さえあれば、少なくとも延焼《えんしょう》被害は防《ふせ》げたのではないかと思うんです。道路が寸断されてしまったら、空から消火活動をするしかない。これはぜひとも公明党に推進してもらいたい。

安江　公明党はこれまでに、ドクターヘリの導入・拡充《かくじゅう》を大きく推進してきました。この政策を推し進めるきっかけになったのは阪神・淡路大震災です。能登半島地震については、私も二四年三月と七月に被災地を訪問し、現場の声を直接聞かせていただきました。地理的な特性もあって救援や復旧のための車両が現場に入れなかったということは、とても大きな課題です。今後、同じような災害が起きた際の備えを、しっかりと進めなければなりません。

杉　近頃の政治家は自分の保身ばかり考えているように見える。極端なことを言えば、政治家には「自分は死んでも国民を守る」というくらいの覚悟を持ってほしい。他者のことを思いやるというのが政治の基本です。それをやってきたのが公明党です。自民党は組織が大きすぎて、なかなか上層部に声が届かない。公明党は耳を傾けます。

政治への信頼が失われているときだからこそ、もう一度立党精神に立ち返り、覚悟を持って働いてまいります。

だから、公明党には頑張ってもらわないといけません。

安江　叱咤激励をありがとうございます。公明党には創立者の池田大作SGI（創価学会インタナショナル）会長から頂いた立党精神があります。すなわち「大衆とともに語り、大衆とともに戦い、大衆の中に死んでいく」です。この立党精神こそ、全議員がことあるごとに立ち返る不滅《ふめつ》の原点です。

杉　どれだけ大切な精神であっても、ともすれば時間とともに意識が薄《うす》れていってしまいます。「大衆の中に死んでいく」という精神が心の芯《しん》まで沁《し》み込んでいる議員がどれだけいるかが一番大切です。

安江　いま、政治への信頼が失われているときだからこそ、もう一度この立党精神に立ち返り、覚悟を持って働いてまいります。

匿名の誹謗中傷を根絶するために

安江　杉先生は、二〇二二年に実現した違法ダウンロードの法制化の提唱をされ、実現のために奔走《ほんそう》されました。このときのお話を伺えますか。

杉　当時はまだ、世界のどこも違法ダウンロードの法制化をやっていなかった。だったら我が国が最初にやろうと思ったわけです。百五十人以上の政治家に会って、力添えをお願いしました。公明党の皆さんにもご尽力《じんりょく》いただいて、一年八カ月で法制化を実現することができました。

　関連して、安江さんにぜひともお願いしたいのはインターネット上の誹謗中傷《ひぼうちゅうしょう》対策です。最も悪質なのは、それが匿名《とくめい》で行われていることです。

安江　おっしゃる通り、匿名性が一番の問題点です。これまでにインターネット上の誹謗中傷に対応するために侮辱《ぶじょく》罪が厳罰化され、さらには発信者の特定に必要な手続を簡素《かんそ》化する制度もスタートしました。

　二四年五月には、SNSを運営する大手プラットフォーム事業者に対して、中傷投稿への対応強化を義務付ける改正プロバイダ責任制限法（情報流通プラットフォーム対処法）が成立しました。これらは公明党が議論をリードした政策ですが、まだまだ不十分な点があります。引き続き取り組んでいきます。

杉　被害が出てからでは遅い。ぜひとも被害を未然に防いでください。SNSの事業者に対して思うのは、利益を追求するために人権を侵害してよいのかということです。世の中を悪くしてよいのか。被害者を生んでよいのか。ならぬものはならぬのです。悪質な誹謗中傷をなくすために私も頑張りますが、弁護士出身の安江さんにも頑張ってもらいたい。

　警察庁は、詐欺被害防止のためにATMでの携帯電話の通話をやめるようにアナウンスをしています。ATMにはそんな内容の貼《は》り紙がしてありますよね。あの貼り紙を導入するのも、業界団体を含めた関係者の合意を得るのは大変でした。ネット上の誹謗中傷の根絶《こんぜつ》についても必ずできる。安江さんには期待しています。国会議員には大きな権限があるのですから。

安江　国会議員の大きな権限は、国民の皆さまの生命と財産を守るために使うべきものと自覚しています。ご期待にお応えできるよう、しっかり頑張ります。

政治家には三つのタイプがあります。「聞き流す人」「聞きとめる人」「すぐに実行する人」――。安江さんには、いつまでも「すぐに実行する人」であってほしい。

更生と就労支援につながる刑務作業

安江　冒頭でも触れた法務省特別矯正監としてのお取り組みについても伺います。杉先生が初めて刑務所を慰問《いもん》して歌を披露《ひろう》されたのはデビュー前の十五歳のときだったそうですね。以来、刑務所とのかかわりは六十五年もの長きにわたります。

杉　受刑者への講話だけでなく刑務所の視察も続け、これまでに官舎の見直しなどの職員の処遇改善も行ってきました。いま取り組んでいるのは、二〇二五年六月に施行される改正刑法の対応です。

安江　改正刑法は二二年に成立しました。施行されれば、現行の懲役《ちょうえき》刑と禁錮《きんこ》刑が拘禁《こうきん》刑に一本化されます。これによって、受刑者の更生《こうせい》や社会復帰に重きが置かれるようになったり、刑務作業が義務でなくなったりします。

杉　刑務作業はかねて問題でした。例えば、暴力団員の受刑者に日めくりカレンダーを作らせることが果たして更生になるのか。あるいは、木工で椅子《いす》やテーブルを作ったところで、価格や品質で家具メーカーと張り合えるのか。やるのであれば、受刑者の更生にならなければいけません。出所後の就労支援につながればよいし、刑務作業の成果がそのまま社会のためになればなおよい。

　そうした考えから、私がいま推進しているのは、作業に保護犬の訓練を取り入れるという試《こころ》みです。実はいま、埼玉県や茨城県、四国などで野犬が増えています。現状では犬、猫合わせて年間約一万二千匹が殺処分されています。これらの野犬を刑務所で引き取り、トレーナーからノウハウを教わった受刑者らが訓練を行う。そうすれば、殺処分が減るだけでなく、出所後の就職に結びつくかもしれません。

　特に重要なのは、野犬を訓練しているうちに、受刑者の心に愛情が芽生《めば》えてくるということです。罪を犯す人のなかには、親の愛情を十分に受けられなかった人もいます。そうした人々が、犬と接するなかで愛情を覚えるんです。

安江　素晴らしい取り組みです。近年、アニマルセラピーを実施する介護施設などが増えていますが、それと同じような内面的な変化が期待できるということですね。

杉　そうです。そうして訓練を受けた犬の譲渡《じょうと》会は、全国の刑務所や矯正展で行うつもりです。法務省のなかに担当のセクションも作ったので、公明党の皆さんにもぜひとも応援していただきたい。

安江　公明党としては、過去に杉先生からご要望を頂戴し、刑事施設内の受刑者が介護福祉士の資格取得に不可欠な介護職員実務者研修を受けられる仕組みを整えました。

第64回全国矯正展において保護犬の育成事業を提案した杉 良太郎氏（2024年11月）

国会議員の大きな権限は、国民の皆さまの生命と財産を守るために使うべきものと自覚しています。

介護にしろ、保護犬の訓練にしろ、社会復帰のための選択肢が増えるのはとてもよいことだと思います。また、刑務作業がそのまま社会のためになるという点も素晴らしいですね。

目指すは“ピンピンキラリ”

安江　杉先生は、防犯対策や矯正教育だけでなく、長年にわたって肝炎《かんえん》対策にも取り組まれてきました。二四年八月からは、厚生労働省特別健康対策監としても啓発活動に従事しておられます。

杉　近年、特に力を入れているのは、厚労省の「知って、肝炎プロジェクト・健康一番プロジェクト」の一環として行っているGOLD《ゴールド》世代の「ダンスと健康」プロジェクトです。「GOLD世代」とは六十五歳以上のシニアを指す言葉で、「Good OLD（古きよき・よい形で年を重ねている）」との意味が込められています。

私は日本国際ダンス連盟（FIDA JAPAN）の名誉会長も務めています。昨年の十一月には、同連盟が主催して三回目となる「FIDA GOLD CUP 2024」を開催しました。これは六十歳以上のヒップホップダンスの大会で、全国から十六チーム・約二百六十名が参加してくれました。最高齢は九十一歳で、特別企画では百歳のダンサーが踊ってくれました。

安江　少子高齢化はネガティブに語られがちですが、それだけ多くの元気な高齢者がおられるというのはポジティブな発信になります。“未来の高齢者”である若者にとっても希望となるでしょう。

杉　高齢者が健康で元気であれば、医療費の削減にもつながります。

安江　高齢者の皆さまが世界一“ピンピンキラリ”と元気に活躍する日本を目指したい。ダンスはとても魅力的な取り組みだと思います。

今日は多くのことを学ばせていただきました。社会のために幅広く活動される杉先生のお姿に深い感銘《かんめい》を受けました。

杉　私の生き方は公明党に似ている部分があるんです。政治家には三つのタイプがあります。「聞き流す人」「聞きとめる人」「すぐに実行する人」――の三つです。安江さんには、いつまでも「すぐに実行する人」であってほしい。しっかり頑張ってください。

安江　ありがとうございます。今後も全力で働いてまいります。

〈対談〉

愛知は豊かさが何よりの魅力！

柴田理恵

俳優・タレント

×

安江のぶお

安江のぶお

〈対談〉愛知は豊かさが何よりの魅力！

海の幸と伝統工芸品

安江　柴田さんは富山県のお生まれですが、二〇一一年に愛知県から「LOVEあいちサポーターズ」の委嘱《いしょく》を受け、「あいち親善大使」として活動されていますね。

柴田　当時、名古屋のグルメバラエティ番組にレギュラー出演していて、愛知のあちこちを訪れていました。そうしたご縁でお話をいただいたんです。

安江　そう言えば、十代のころからテレビでよく柴田さんを見ていました！　それ以前の愛知との接点は？

柴田　実は初めての家族旅行が愛知県で、東山動植物園と明治村と犬山城に行きました。あとは、ワハハ本舗《ほんぽ》の最初の地方公演って、名古屋でやったんですよ。

安江　そうでしたか。そんな柴田さんと、ここでは愛知の魅力について語り合いたいと思います。

柴田　よろしくお願いします！　でも一回じゃ語り尽くせないと思いますよ。

安江　では、駆け足で（笑）。

愛知は西側の尾張《おわり》地域と東側の三河《みかわ》地域に分かれています。まず尾張地域で柴田さんのおすすめは？

柴田　安江さんの地元・知多《ちた》市がある知多半島から行きましょう。私は半島の先にある日《ひ》間賀島《まかじま》が思い出深くて、島の皆さんは温かいし、タコやフグ、海苔《のり》なんかの海の幸《さち》も絶品でした。

安江　ありがとうございます。知多といえば、私のおすすめは名産品の知多木綿《もめん》です。四百年以上の歴史があり、名産地の岡田地区には、当時の機織《はたおり》機も見られます。ちなみに、知多木綿は伝統工芸品の「有松絞《ありまつしぼ》り」と密接な関係があるんです。

柴田　有松絞りは、私も素敵な浴衣《ゆかた》を作っていただきましたよ。

安江　昔は知多の木綿が使われていたんです。有松には浮世絵さながらの景観が広がっていて、二〇一九年には地域のストーリーも含めて、文化庁より「日本遺産」に認定されました。

愛知のグルメとおすすめスポット

安江　知多半島だと、半田《はんだ》市の「半田赤レンガ建物」もおすすめです。旧カブトビール工場をリノベーションした観光施設で、夜はライトアップされて情緒《じょうちょ》たっぷり。ビールと言えば、つまみに最高なのは手羽先《てばさき》ですが……。

柴田　私、手羽先大好きです！

安江　そうじゃないかと思いました（笑）。柴田さんは塩胡椒《しおこしょう》が効《き》いた「世界の山ちゃん」派ですか。それともタレの「風来坊」派？

柴田　好みが分かれますよね。私は「風来坊」派。愛知はとにかく食べ物が美味しい。野菜も魚介《ぎょかい》も最高です。特にホルモン焼の「味噌《みそ》とんちゃん屋」が大好き。スイーツだと覚王山《かくおうざん》にある「梅花堂」の「鬼まんじゅう」は絶品です。

安江　柴田さん、「天むす」はどこがお好きですか。私は「地雷也」をよくいただいてます。

柴田　私は「天むす千寿」かな。

安江　食べ物の話をしてるとお腹が空《す》いて仕方ないので、話を元に戻しましょう（笑）。尾張地域といえば、長久手《ながくて》市のジブリパークには行かれたことありますか？

柴田　ありますよ！　一日では回り切れないほど広々としていて、ジブリの世界に浸《ひた》れますね。

安江　二〇二四年三月には新たに「魔女の谷」もオープンしたので、ぜひまた足を運んでみてください。

柴田　尾張の話ばかりだと、三河の人たちに怒られますよ（笑）。三河と言えばなんと言っても、西尾市の一色《いっしき》産うなぎは最高！　実は私の東京の自宅の近くにあるうなぎ屋も、一色のうなぎを使ってるんです。

安江　三河地域はキャベツの産地としても有名です。農産物だと、渥美《あつみ》半島にある田《た》原《はら》市は観賞用の花や植物の生産が盛んで、愛知県としても生産量が日本一です。菜の花畑は観光スポットとしても人気ですし、カップルがよく訪れる恋路《こいじ》ケ浜《がはま》や伊良《いら》湖岬《ごみさき》灯台《とうだい》などもあります。春には岡崎市の「五万石《ごく》藤まつり」も大勢の人でにぎわいます。

柴田　東三河と言えば豊橋のちくわが美味しい。

安江　豊橋には「ブラックサンダー」で有名な有楽《ゆうらく》製菓もあります。

柴田　私、新城《しんしろ》市の「四谷《よつや》の千枚田《せんまいだ》」と、豊田市の「香嵐渓《こうらんけい》」には一度行ってみたいんです。

安江　「香嵐渓」は紅葉《こうよう》が有名ですけど、新緑の季節もいいんです。豊田市には猿投《さなげ》温泉もありますしね。個人的なおすすめは、「刈谷《かりや》ハイウェイオアシス」です。遊園地にフードコート、天然温泉も楽しめるレジャー施設ですが、ゴージャスなトイレも有名です。

柴田　やっぱり全然語りきれなかった！　愛知には本当に魅力がいっぱいですね。

PROFILE

柴田理恵

しばた・りえ

(俳優・タレント)

　1959年富山県生まれ。東京ヴォードヴィルショーを経て、84年6月にワハハ本舗設立。舞台はもちろん、テレビ、ラジオ、映画など幅広いメディアで活躍中。2011年「あいち親善大使」に就任、現在に至る。著書に『台風かあちゃん』『柴田理恵のきもの好日』『遠距離介護の幸せなカタチ』など多数。

柴田理恵・安江のぶお が おすすめスポットを紹介！

長久手市

スタジオジブリ作品の世界を表現した公園施設。
2024 年3月、フルオープン

❹ジブリパーク

所在地：長久手市茨ケ廻間乙 1533-1 愛・地球博記念公園内
電話：0570-089-154
時間：10 時～ 17 時（土・日曜、休日、学校の長期休暇期間は 9 時～）
休園日：火曜（祝日の場合は翌平日）
入場料：中学生以上 1500 円～（平日）、4 歳～小学生 750 円～（平日）
※平日、休日、入場可能エリアの違いにより料金は異なります。
※チケットはすべて予約制。現地販売はなし。

瀬戸市

棋士・藤井聡太竜王・名人の地元。
懐かしさと新しさに出会える街

❺せと銀座通り商店街

所在地：瀬戸市朝日町
電話：0561-82-3123（瀬戸商工会議所）

半田市

ジブリ映画「風立ちぬ」の聖地。
明治時代の重厚な建物は必見

❻半田赤レンガ建物

所在地：半田市榎下町 8
電話：0569-24-7031
時間：常設展示室 9 時～ 17 時（最終入場 16 時 30 分）
休館日：施設点検日（※ 3/24 ～ 4/10 は臨時休館を予定）
入場料：200 円、中学生以下無料

弥富市

毎年 7 月に「金魚まつり」

❼金魚（日本三大産地）

所在地：弥富市前ケ須町南本田 347
弥富まちなか交流館 1 階
電話：0567-65-4355（弥富市歴史民俗資料館）
時間：9 時～ 17 時
休館日：月曜、年末年始（12/29 ～ 1/3）
入館料：無料

Heart of JAPAN
～ アイチ・マップ 1

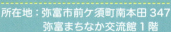

尾張地域

名古屋市

連続テレビ小説「虎に翼」の撮影で
使用されたネオ・バロックの重厚建築

❶名古屋市市政資料館

所在地：名古屋市東区白壁 1-3
電話：052-953-0051
時間：9 時～17 時
休館日：月曜（祝日の場合は翌平日）、
　　　　毎月第 3 木曜
入館料：無料　※公共交通機関をご利用ください

江戸時代から受け継がれる「有松絞り」と
伝統的な建築の残る町並み

❷有松・鳴海の町並み

所在地：名古屋市緑区有松 3008
　　　　（有松・鳴海絞会館）
電話：052-621-0111
時間：9 時 30 分～17 時（実演は 16 時 30 分まで）
休館日：無休（6 月の第 1 土・日曜の有松絞りまつりの翌日は休み）
入館料：1階無料、2 階 300 円（体験料は別途。コースにより異なる）

緑豊かな白川公園内に建つ美術館

❸名古屋市美術館

所在地：名古屋市中区栄 2-17-25
電話：052-212-0001
時間：9時30分～17時（祝日を除く金曜は
　　　20 時まで）※最終入館は閉館 30 分前
休館日：月曜（祝日の場合は翌平日）、
　　　　展示替え期間
入館料：常設展は一般 300 円など（特別展は別途）

柴田理恵・安江のぶお が
おすすめスポットを紹介！

豊根村

広大な敷地に咲き誇る芝桜のじゅうたん

⑫茶臼山高原（ちゃうすやまこうげん）

所在地：豊根村坂宇場字御所平 70-185
電話：0536-87-2345（茶臼山高原協会）
時間：見学自由
入場料：無料（5 月中旬～ 6 月上旬の
「芝桜まつり」期間は駐車場は有料）

豊橋市

「ブラックサンダー」詰め放題が人気！

⑬有楽製菓 豊橋夢工場直営店

所在地：豊橋市原町蔵社 88
電話：0532-35-6620
時間：10 時～ 17 時
定休日：年末年始、お盆期間
（研修・工事などで休店する場合あり）

三河地域

豊田市

大自然が織り成す美しい景観は圧巻

❽香嵐渓（こうらんけい）

所在地：豊田市足助町
電話：0565-62-1272
（豊田市足助観光協会）

クリムトや草間彌生など
近現代アートにふれることができる

❾豊田市美術館

所在地：豊田市小坂本町 8-5-1
電話：0565-34-6610
時間：10 時～17 時 30 分（最終入館 17 時）
休館日：月曜（祝日は開館）、展示替え期間
入館料：常設展は一般 300 円など（企画展・特別展は別途）

刈谷市

グルメも買い物もレジャーも、ここで満喫

❿刈谷ハイウェイオアシス

所在地：刈谷市東境町吉野 55
電話：0566-35-0211
時間：施設により異なる
定休日：施設により異なる
入場料：施設により異なる

田原市

太平洋から伊勢湾・三河湾までを一望

⓫伊良湖岬（いらごみさき）

所在地：田原市伊良湖町
電話：0531-23-3516
（渥美半島観光ビューロー）

Heart of JAPAN
～アイチ・マップ 2

〈対談〉愛知は豊かさが何よりの魅力！

地域コミュニティを生かした取り組み

安江　後半では、どうすれば愛知の魅力をもっと県外・国外に発信していけるかについて語り合いたいと思います。

柴田　アピールは大事ですからね！　少し前に出演したとあるラジオ番組で、豊明《とよあけ》市の介護に関する素晴らしい取り組みを知りました。高齢者のなかにはデイサービスに行くのは嫌だし、カルチャースクールなんかもハードルが高いと思っている人が多いでしょ。そこで、地域コミュニティを生かして公民館で高齢者が集まって、自分たちが好きなことをやってるんです。麻雀《マージャン》をやってる人たちもいましたよ。

　あとは、高齢者同士での支え合いを促《うなが》す仕組みもありました。余力がある高齢者が、お年寄りの介護を手伝うと、少額の報酬やチケットをもらえるんです。チケットは自分の介護が必要になったときに使えるんです。

安江　それは、いいですね！　愛知県では他にも、大府《おおぶ》市などでも先進的な取り組みが行われています。やはり高齢者の健康寿命を延ばすことが大事で、私はかねて「ピンピンキラリ」という言葉を使ってきました。

柴田　「ピンピンコロリ」じゃなくて「キラリ」！

愛知は豊かさが何よりの魅力だと誇《ほこ》りをもってほしいですね。その愛知らしさを生かしていくことが大切です。

安江　そうです。みんな元気でキラリと輝き続けていただきたいからです。

柴田　なぜ介護の話をしたかというと、私自身がいま母親の遠距離介護をしているんですが、先ほどの豊明市の例は地域コミュニティを生かして取り組んでいる点がとても豊かだと思ったんです。愛知には美味し

公明党の考えや働きが
もっと皆さんの心に響くように、
私自身も発信力を強めていきます。

いものがたくさんあって、昔ながらの産業も最先端技術もある。それに地域コミュニティもしっかりあるんですよ。戸建《こだ》てに住んでる人が多くて、家も広い。生活するにはとても豊かな地域じゃないですか。

安江　ありがとうございます。ただ、県民のなかには「愛知には何もない」とおっしゃる方が少なくないんです。

柴田　あら、何でもあるのに……。愛知は豊かさが何よりの魅力だと誇《ほこ》りをもってほしいですね。そして、その愛知らしさを生かしていくことが大切です。東京や大阪とは違う道を行く。愛知は愛知でいいんです。

安江　そうですね。産業にも触れていただきましたが、自動運転を取り入れたスマートシティの実現などは愛知が日本をリードし、アピールできる分野です。各自治体にとって、高齢者のモビリティの問題はどんどん切実なものになっていますからね。

公明党の実力と実績を もっとアピール

柴田　アピールと言えば、安江さん。公明党はちょっとアピールが足《た》りないんじゃないですか。

安江　はい。そのお叱《しか》りはよく受けます……。

柴田　公明党みたいな政党にしっかりアピールしてもらわないと、私たち有権者が困るんです。公明党は政策の立案から実現まで本当にいい仕事をして、多くの実績がある。そういう政党がどこよりもしっかりとアピールしなきゃいけません。実力も実績もない政党の宣伝なんかに負けないでください。

安江　肝《きも》に銘《めい》じます。昨今のSNSなどの状況をしっかりと分析しながら、公明党の考えや働きがもっと皆さんの心に響くように、私自身も発信力を強めていきます。

柴田　とにかく、安江さんみたいに若い方に頑張ってほしいです。世の中を変えるのは、いつの時代も若者ですからね。現役最年少の参議院議員である安江さんには、大いに期待していますよ。

安江　力強いエールをありがとうございます。若い世代の声をしっかりと糾合《きゅうごう》し、愛知からもっと素晴らしい社会を築いていけるよう全力で挑戦してまいります。

YASUE's Column ①

柴田理恵さんにも背中を押していただいたので、ここでは愛知を全力でアピールしたいと思います。題して「日本の産業・物流・観光の中心に、愛知はなる！」です。

まずは産業。すでに愛知は日本のものづくりの中心地で、世界的企業が数多くあります。加えて焼き物、織物《おりもの》、染物《そめもの》などの伝統産業も豊富。更に二〇二四年一〇月には、国内最大級のオープンイノベーション拠点《きょてん》「STATION Ai」が名古屋市内に開業しました。異業種間で交流・連携し、アイデアや技術などを共有して革新的な新規事業を生み出していく一大拠点です。と書くと、近寄りがたい施設に感じますが、実はフードラウンジや展示室など多くが一般開放されていて、子どもから大人まで自由に楽しめます。ここに若い頭脳が集結《しゅうけつ》し、日本をリードする新しい産業が続々と生み出されていくことでしょう。

愛知全力アピール
産業も物流も観光も日本の中心になる！

「STATION Ai」を視察した際に

次に物流です。いま政府は「日本中央回廊《かいろう》」計画を進めています。これは、リニア中央新幹線、新東名・新名神高速道路などによって首都圏・中部圏・関西圏を短時間で結ぶ世界に例を見ない経済集積地を築くもので、愛知はその心臓部になります。

更に南海トラフ巨大地震など想定される大規模災害時にも、愛知が物流拠点として最大限の機能を発揮することが重要です。そのために現在、豊山町・小牧市に整備を進めているのが「愛知県基幹《きかん》的広域防災拠点」。災害時に全国から応援人員や物資を受け入れ、被災現場へ迅速《じんそく》に供給するための拠点です。愛知の防災力強化は、東海地域全体で見ても極《きわ》めて大切なのです。

最後に観光。まだまだ魅力を発信し切っていない部分もありますが、そのぶん伸《の》び代《しろ》しかありません。最大の追い風になるのは、中部国際空港に建設中の「二本目の滑走路《かっそうろ》」です。二七年度に運用開始予定で、飛行機の発着数を大幅に増やせます。愛知は信長・秀吉・家康の〝三英傑《えいけつ》〟を生んだ地で、歴史的な観光資源が豊富。二六年には大河ドラマ「豊臣兄弟！」も放送予定です。観光客の受入《うけいれ》環境を整備しながら、私も愛知の魅力をどんどん発信します！

〈対談〉

公明党の政策は、子ども・若者・家族の姿が見える。

末冨 芳
教育学者・日本大学教授

×

安江のぶお

〈対談〉

公明党の政策は、子ども・若者・家族の姿が見える。

安江のぶお

公明党の重点政策が最も民意に沿っていた

安江　二〇二四年の衆議院選挙の結果を受けて、これまでとは異《こと》なる少数与党での政権運営を行っています。政局がどうであれ、政策は前に推《お》し進めなければなりません。末富《すえとみ》先生とは、公明党がリードしてきた子ども・子育て政策についてさまざまな角度から語り合えればと思っています。

末富　よろしくお願いいたします。先般の総選挙において自民・公明はとても厳《きび》しい結果を突き付けられましたが、私は公明党が重点政策のなかで子ども・子育て政策を重視していたことに注目しました。他の分野も含《ふく》めて、政策だけを見れば公明党の公約が最も民意に沿《そ》っていたと思います。短期決戦となって多くの他党が急ごしらえの公約を発表したなかで、公明党の重点政策は実に的確でした。

安江　つぶさに見てくださり、ありがとうございます。

末富　他党で公約をしっかりと作り込んでいたのは国民民主党です。ただし、肝心《かんじん》の財源の部分には触れられていない。公明党は、三歳から五歳までの幼児教育の無償化や、児童手当の所得制限撤廃《てっぱい》、小学校の三十五人学級化など、確実に財源を確保してきた政党です。その点、公明党が重点政策で高校無償化の所得制限撤廃を掲《かか》げてくださったことは本当に心強い。公明党にしか実現できない政策です。

　高校無償化については、下村博文《はくぶん》文部科学大臣のときに、所得制限が導入されてしまいました。子どもの視点に立てば、所得制限は絶対に導入してはいけません。しかも、その後に東京都と大阪府が独自に私立高校の無償化を始めたことで、地域間格差ができてしまっているんです。

安江　教育の機会の平等は、憲法で保障されていることですからね。地域格差は速《すみ》やかに是正していく必要があります。

末富　東京と大阪は、知事が変われば無償でなくなる可能性があります。子ども・子育て政策で重要なのは〝後戻りしないこと〟です。安定性が大事。公明党が高校無償化を推進してくれれば、必ず実現するし、絶対に後戻りしません。

安江　政策がコロコロと変わって親御さんたちが振《ふ》り回されることがあってはいけませんね。また、制度が安定しなければ多く

PROFILE

末冨 芳

すえとみ・かおり

(教育学者・日本大学教授)

1974年山口県生まれ。京都大学教育学部卒業。同大学院教育学研究科博士課程単位取得退学。博士(学術・神戸大学大学院)。専門は教育行政学。文部科学省中央教育審議会委員等を歴任。著書に『教育費の政治経済学』『子どもの貧困対策と教育支援』、共著に『子育て罰 「親子に冷たい日本」を変えるには』などがある。

の家庭が将来に不安を感じます。私も二四年一月に親になったので、そのことをとても痛感《つうかん》しています。末冨先生だけでなく、国民の皆さまの期待に応えるためにも、改めて深く決意をしています。

給食費無償化の現実的なハードル

末冨　公明党は二〇二一年の衆院選でこども基本法の制定を公約に掲げて、実現してくださいました。そうした実績があるから説得力がある。日本では、憲法や教育基本法にも教育の機会の平等に関する規定がありますが、基本法ができて初めて各種の政策に浸透《しんとう》し始めました。子ども自身が権利の主体であるというこども基本法に立脚《りっきゃく》して、若者が学ぶ権利の保障としての高校無償化を実現してもらいたいと思います。

さらに、給食費無償化についても現実的な議論が必要になってきています。

安江　文科省は二〇二三年に閣議決定された「こども未来戦略方針」を踏《ふ》まえて、二四年に学校給食に関する実態調査を行いました。

末冨　私は技術的な部分が難しいと考えています。給食費は自治体間のコスト差が大きい。単純に国が単価を決めて無償化をしてしまうと、質が落ちてしまう自治体もあります。韓国がそうでした。例えば宮崎は地産地消を謳《うた》い、給食に伊勢海老《いせえび》なんかが

子ども・子育て政策で重要なのは“後戻りしないこと”です。安定性が大事。

出るんです。

安江　それは素晴らしい。地産地消は食育にもなりますね。

末富　そうした地域だと、国に単価を決められるとかえって給食の質が落ちてしまいます。なので、公明党は給食費無償化には慎重な姿勢でいらっしゃる。現場をよくご存知だからです。現場を知らない政党・政治家ほど簡単に無償化を訴《うった》えるんです。

安江　完全給食ではない自治体があったり、アレルギー対応の問題があったりと、検討しなければならないことがたくさんあります。そもそも、給食費無償化には五千億円以上がかかると言われていますので、その財源をどうするかという問題もある。ただし、公明党にも保護者の皆さまからのお声が届いていますので、しっかりと前に進めたいと思っています。

産休・育休の取得を“支える人を支える”

末富　無償化も大切ですが、産前・産後の伴走《ばんそう》型の支援も重要です。近年、産後ケアはとても充実してきています。産後の母体は、酷《ひど》い場合には全治何カ月もの交通事故に遭《あ》ったレベルでダメージを受けています。それにもかかわらず、産後にすぐ職場復帰をする方がおられる。本人の意思もあるのかもしれませんが、そうした社会になってしまっている向きもあります。

安江　確かに「働かないといけないのかな」と思っている人は少なくないでしょうね。

末富　産後は休まなければいけません。最近は給料の補償も上がっています。また、産休の取得者を職場でフォローする人に対する支援も、二四年の子ども・子育て支援法の一部改正で盛り込まれました。みんなで子育てを応援する制度が少しずつできつつあるのです。

安江　産休・育休制度があっても「同僚に迷惑がかかるから」といって活用しない人が少なくないようです。“支える人を支える”という方針も含めて、引き続き課題解決のために力を尽くしていきます。

　先ほど、公明党が二一年の衆院選でこども基本法の制定を掲げたことに触れていただいた

**子ども自身を
権利の主体であると考える
基本法を実現する際の
私どもの原動力は、
「大衆とともに」との立党精神に
あったと思っています。**

小学校の給食の時間を視察する安江氏

だきました。子ども自身を権利の主体であると考える基本法を実現する際の私どもの原動力は、「大衆とともに」との立党精神にあったと思っています。もちろん「大衆」には子どもも含まれます。子どもたち一人一人が幸せになる権利があるという理念のもとに、基本法を実現することができました。

末冨　国会の議事録を調べてみると、公明党は野党時代から、子どもの権利条約の批《ひ》准《じゅん》や、具体的政策や法制への落とし込みを主張されていました。そうした公明党だからこそ、基本法を力強く推進してくださったのだと思います。

　コロナ禍《か》における学校の一斉《いっせい》休校は、日本では子どもが権利の主体ではないことを表す象徴的な出来事でした。さらにコロナ禍のなかでは、雇《やと》い止めなどもあって困《こん》窮《きゅう》する親子が後を絶《た》ちませんでした。本当に親子が命の危機に晒《さら》されていたんです。そうした状況に危機感を抱《いだ》いて動いてくださったのが公明党の皆さんでした。

　官僚の皆さんがよくおっしゃるのは、「公明党の議員は自分のことをちゃんと人間だと思って接してくれる」ということです。裏を返せば、他党の一部の議員には官僚を人間扱《あつか》いしない人がいるということです。それは私たちのような子ども・子育て支援団体でも同じように感じるときがあります。公明党の皆さんはとても話しかけやすい。広く民意を集めるためには、話しかけやすい議員でなければいけないと私は考えています。

安江　よく言われますが、公明党は〝なりたい人〟ではなく〝なってほしい人〟が候補者になる政党です。私たちは庶民《しょみん》の代表です。権力は国民の皆さんのために使わなければなりません。

いまこそ日本の公教育は〝こどもまんなか〟を掲《かか》げて進化しなければなりません。すべての大人が子どもの声に耳を傾《かたむ》けるべきなんです。

末富　公明党にはよい組織文化があると思うんです。政党や政治家自身が意のままに権力を振るうのではなく、権力は国民から預《あず》かっているものであって国民のために使うものであるという理念が根付いていますからね。

　先の衆院選で躍進《やくしん》した政党に対して懸念《けねん》しているのは、公明党のように謙虚《けんきょ》に考え、責任ある政策形成ができるかということ。私はその点を注目していきたいと思っています。意のままに権力を振るってしまっては、弱い人たちを追い詰めかねない。

安江　衆院選で厳しい結果となったいまだからこそ、我が党の真価を全力で発揮していきます。

急場の公約にこそ各政党の実力が表れる

末富　公明党の政策の素晴らしいところは、ちゃんと子ども・若者・家族の姿が見える点です。例えば、重点政策には若者の住居支援が含まれています。最近は、行き場のない若者たちがホームレス化して、都市部の繁華街に集まったりしています。

　私からすると、立憲民主党や国民民主党の政策は無償化・減税という利益誘導型で、なかなか子ども・若者・家族の姿が見えない。教育や保育の質に踏み込んだ政策になっているかと言うと、まだまだ足《た》りていません。日本維新の会は無償化を頑張っているものの、その先が見えない。自民党の公約は、急な選挙戦だったこともあって、まるで官僚の作文のようでした。急場の公約にこそ各政党の実力が表れるんです。

安江　公明党として画期的だったのは、二〇二三年秋に発表した「子育て応援トータルプラン」でした。約三千人いる地方議員とのネットワークを生かして、各地でアンケートを取りながら、妊娠・出産から子どもが社会に巣立つまでの切れ目のない支援をまとめました。「子ども・若者・家族の姿が見える」というお言葉は、とても嬉しい評価です。

末富　こども基本法ができてから、子ども・若者の参画は着実に進んでいます。残念なことに、回避《かいひ》されてしまっているのは学校です。例えば、子どもの人権にかかわる校則の見直しはそれほど進んでいません。だからこそ、文科大臣政務官を務められた安江さんのご活躍には大いに期待しています。

　学校においては、まずは大人が子どもの権利について知り、子どもも大人も互《たが》いに権利を尊重《そんちょう》できる環境をつくらないといけません。不適切指導や性暴力など、ほとんどのトラブル・事件の背景には、大人だけが自分の権利を認識していたり、大人も子どもも自分の権利さえ認識していなかったりという背景があります。子どもが自分の権利をきちんと認識していれば、何かおかしなことがあればすぐに相談できるようになるんです。

子どもが自らの権利を よりよく行使できるように

末富　山口県では学校運営協議会に子どもらが参加しています。児童・生徒も一緒に学校をつくっていく仲間だからです。そうした取り組みが全国的に広がっていけばよいと思います。こども基本法も教育基本法も、憲法にもとづいています。その憲法には、すべての人の権利を尊重すると書いてある。やはり子どもにも自らの権利について認識してもらって、よりよく行使することを教えていかなければなりません。

安江　いまのご指摘はとても重要です。権利を認識するだけではなく行使すること。身近なところで言えば、生徒会活動や主権者教育の現場で、もっと工夫の余地《よち》があるように思います。

末富　友だちの写真を勝手にSNSに投稿《とうこう》すれば、肖像権《しょうぞうけん》の侵害《しんがい》となり犯罪となる。身近なところで言えば、そうしたことも権利にかかわってきます。

安江　個人的には、人権教育をもっと手厚くする必要があると思っています。学校の先生方はお忙しいので、外部講師を呼んで行うかたちでもよいのかもしれません。

末富　いまこそ日本の公教育は〝こどもまんなか〟を掲げて進化しなければなりません。そのためには、まずは子どもが言うことを大人が聞かないといけない。それは子どものわがままではありません。学校の先生だけでなく、すべての大人が子どもの声に耳を傾《かたむ》けるべきなんです。例えば、中高生が町内会の役員になったっていいわけです。そうやって地域づくりにかかわった子どもたちは、地元に残りたくなるかもしれないし、一度は外に出ても戻ってきたくなるかもしれない。

安江　確かに、進学や就職で外に出て、そのまま戻らない若者が多いと聞きます。地域コミュニティへの参画は、地元に戻るインセンティブ（動機）になりますね。

　ところで、教育の充実を目指すうえで、教員のなり手不足は深刻な問題です。学校現場には多くの課題があります。

末富　まずは先生たちの処遇《しょぐう》改善が急務です。都市部では、学校の先生よりも初任給が高い民間企業が増えてきています。また、

青年世代の一人として、また子育て世代の一人として、未来に責任をもった活動を貫《つらぬ》いていきます。

子どもたちの未来のために――固い握手を交わす安江氏

民間のほうが、働き方改革が進んでいるので休みもしっかり取れる。処遇改善の肝《きも》になるのは給特法の改正です。

　もう一つは、保護者対応などを行う専門職を置いて、教員には授業やカリキュラムマネジメントなどに専念してもらうことでしょう。チーム医療のようなチーム学校の考え方が大切です。

安江　先生方が一人で抱《かか》え込まずチームで共有できる仕組みですね。

末富　さらに言えば、学校安全の概念《がいねん》も変えなければなりません。いじめや子ども同士の性加害を繰り返す児童・生徒は、市区町村のソーシャルワーカーが対応する。被害者保護の原則に立ち、加害者に専門的支援や強制を行うことがイギリスのセーフガーディングの考え方です。これは子どもを守ると同時に、学校や教員を守る仕組みでもあるんです。

安江　学校安全については、スクールロイヤー（弁護士）との連携を促《うなが》していく必要もありますね。

末富　学校側が代理人としてスクールロイヤーを立てるのであれば、子どもや保護者の側にはオンブズパーソンやコミッショナーが必要になります。現行の法テラス（日本司法支援センター）では体制に不足があります。そのあたりの議論も前に進めていただきたいと思います。子どもと先生が教育活動に専念できる環境が整えば、教員不足は解消されるはずです。

強くて優しい国を目指してほしい

安江　公明党は二四年九月に日本が目指すべき将来像を示した「二〇四〇ビジョン」の中間とりまとめを発表しました。改革構想の第一の柱に掲げたのが、まさに〝こどもまんなか社会〟です。

末富　岸田政権のときにできた「こども未来戦略」をさらに進めていただきたいと思っています。若者政策については、大学などの給付型奨学金《しょうがくきん》と十八歳成年というこの国の法制が、いまだに整合《せいごう》していない部分があります。成年に達しているのでローンは自分で組めるのに、奨学金には親の所得制限があるというのは筋《すじ》が通っていません。

安江　地に足のついた議論をしていかなければなりません。

末富　税制・現物・現金はセットで議論を進めていただきたいと思っています。

安江　青年世代の一人として、また子育て世代の一人として、未来に責任をもった活動を貫《つらぬ》いていきたい。今日、改めて決意させていただきました。

末富　安江さんには、子どもや若者、家族みんながより幸せに共生していける社会の実現に向けて頑張っていただきたい。私は〝優しくて強い国〟を目指すべきだと考えています。この国の未来は公明党にかかっています。

安江　ありがとうございます。しっかりと頑張ります。

新米パパ奮闘記

子育ては大変だけど喜びはもっと大きい

私事《わたくしごと》で恐縮ですが、二〇二四年の元日に長女が誕生しました。待望《たいぼう》の第一子で、私は新米《しんまい》パパになりました。

これまで随分、子育て中のパパ、ママの声を伺《うかが》ってきましたが、いざ自分が経験すると、予想以上の大変さ。突然の発熱、夜泣き、ハイハイし始めるとケガをしないか目が離せません。一人でも大変ですから、二人目、三人目、双子や三つ子となると、その苦労は想像を絶します。

日本も、男性が産休や育休を取得しやすい社会に変わりつつありますが、まだまだ育児の負担は女性に偏《かたよ》っています。私も仕事柄、愛知県知多《ちた》市の自宅と東京を行き来する半《なか》ば単身赴任《ふにん》の生活。妻と娘を置いて玄関を出る瞬間は、いつも後ろ髪を引かれます。

それでも私の場合は、妻と私のそれぞれの実家が比較的自宅の近くにあるので、最大限にサポートしてくれて助かっています。それがなければと思うと、周囲に支え手がいない子育て世帯を国や自治体がきめ細《こま》やかに支援することが大切だと感じます。

2025年元旦に 1歳になった娘と 休日に

当事者になって痛感するのは、公明党が実現してきた数々の子育て支援策の重要性です。これまで四十二万円だった出産育児一時金は、二三年四月から五十万円に増額されました。また、二四年十月分からは児童手当の所得制限が撤廃され、二五年度からは妊娠・出産時に計十万円相当を支給する「妊婦支援給付」が恒久化《こうきゅうか》されます。こうした施策《しさく》の充実で、まず経済的な不安が大きく軽減されます。加えて公明党は「産後うつ」を防《ふせ》ぐためのケアの充実など、精神的な不安を取り除くための様々な取り組みも推進しています。

冒頭、子育ての大変さを強調しましたが、それ以上に「子育ては楽しい！」というのが私の実感です。子どもが笑ってくれたり、おしゃべりできたり、日々成長する姿を見ることは、何ものにも代《か》え難《がた》い喜びです。

経済的にも精神的にも安心して子育てができ、その「大変さ」よりも「喜び」が広がっていく社会となるように——家庭で、地域で、国政で全力を尽くします！

VISION 2025

Y Youth
若者の力を社会に

若者の活躍を全力で応援し、次世代が希望を持てる社会を実現します！

- 給付型奨学金の拡充、最低賃金引き上げ等、教育・雇用・子育て支援に注力
- “闇バイト”撲滅へ、ネット上の監視を強化し、若者への啓発・相談体制を充実

A Advanced
豊かな先進都市

最先端技術の進展で、豊かに暮らせる先進都市・愛知を目指します！

- 企業の技術革新、新規起業を支援し、愛知の産業を更に発展
- 最先端医療の普及と生涯スポーツの振興で、健康寿命を延伸

U Universal
誰にも優しい社会

個性を尊重し合い、すべての人が支え合う社会を実現します！

- バリアフリーを推進し、高齢者や障がい者が安心して暮らせるまちづくり
- 国籍・人種・性別等の多様性を尊重し、多文化共生、ジェンダーフリー社会を構築

E Empowering
力を引き出す

国民一人ひとりが自身の力を発揮できる社会を目指します！

- 「学びの多様化学校」の普及等の教育改革や言語学習等のスキルアップを支援
- 女性の仕事・暮らし・健康をサポート、男女が共に活躍する社会を実現

安江のぶお

ビジョン

プロフィール

Nobuo Yasue

- 1987年6月26日 愛知県名古屋市生まれ　37歳
- 愛知県立半田高校卒、創価大学法学部卒、同法科大学院修了
- 小学校から高校までは陸上部に所属し、大学ではテコンドー部の部長
- 2013年、司法試験に合格。2014年12月、愛知県弁護士会に登録
- 2019年7月 参議院議員初当選（最年少参議院議員）
- 公明党学生局長、文部科学大臣政務官等を歴任
- 公明党国土交通部会長、同青年委員会副委員長、同中央会計監査委員
- 趣味：読書、温泉
- 家族：妻、娘の3人家族

YASUE

S Sustainable

持続可能な未来

環境・経済・社会が調和する持続可能な日本を築きます！

- 脱炭素化に取り組む企業・自治体への支援拡充等で、カーボンニュートラルを推進
- 食品ロスの削減、防災対策、平和外交の強化等で、SDGｓを推進

暮らしと命を守る
明日への挑戦

〈対談〉

防災・減災対策でよりよい日本を築くために。

福和伸夫

名古屋大学名誉教授
あいち・なごや強靭化共創センター長

×

新妻ひでき

苦手になった自然災害への備え

新妻　本日は、我が国の今後の防災・減災対策について、福和先生からさまざまなアドバイスをいただければと思います。

福和　よろしくお願いします。日本列島はプレート境界やアジアモンスーンの通り道に位置しているため、地震・火山・台風・豪雨・土砂災害が多い国であり、先人たちは自然災害との付き合い方をよく知っていました。ところが、最近は科学技術の進展によってある程度の被害を防《ふせ》ぐことができたり、行政への依存《いぞん》度が高くなったりして、人々は自然災害に備えることが苦手になってしまっています。

新妻　気候変動に伴《ともな》う風水害が以前よりも激甚化《げきじんか》する一方で、行政の防災対策が追い付いていなかったり、共助《きょうじょ》の基盤となる地域コミュニティの絆《きずな》が弱くなったりと、多くの課題を抱《かか》えています。

福和　加えて地震も活動期を迎えていますが、人々は東京などの都市部への人口集中によって、むしろ危険な場所に街を広げてしまっています。また、科学技術は建物の安全性向上よりもコストカットのほうに使われてしまっています。

そして、新妻さんがおっしゃった地域コミュニティ衰退《すいたい》の現状もある。防災・減災対策のみならず、この国の社会の在り方を抜本的に見直さないといけない時期に入っていると感じます。そのことを痛感させられたのが、先の能登《のと》半島地震だったのではないでしょうか。

〈対談〉 **防災・減災対策でよりよい日本を築くために。**

新妻ひでき

新妻　私も能登半島には何度も足を運びました。まず驚《おどろ》いたのは、現場の声が地方自治体や国に届いていない実態でした。住民から市町、県、国へと情報が伝達する過程で目詰まりが起きてしまっていたのです。そこで公明党は、すぐさま地元の地方議員と国会議員のネットワークを生かしてオンライン会議を連日開催するなどして、正確な情報を行政に届け、支援の穴《あな》を埋《う》めるこ

PROFILE

福和伸夫

ふくわ・のぶお

(名古屋大学名誉教授 あいち・なごや強靱化共創センター長)

1957年愛知県生まれ。工学博士。81年、名古屋大学大学院工学研究科博士前期課程修了。専門は建築耐震工学、地震工学、地域防災。早期の耐震化を強く訴え、防災の国民運動づくりに率先。全国の小・中学校、高等学校などで、「減災講演」を続けている。著書に『必ずくる震災で日本を終わらせないために。』などがある。

とに尽力《じんりょく》し続けました。

表に出てくるのは〝都合のいい数字〟

新妻　能登はもともと人口流出による少子高齢化、産業の担《にな》い手不足が深刻な地域でした。そのために復旧・復興の青写真が描きづらいという課題もあります。

福和　輪島《わじま》市や珠洲《すず》市は、この四半世紀で人口が約四割も減っていることもあって、空《あ》き家《や》の被害がとても多いんです。行政が「全壊棟数」として掌握《しょうあく》している数字には、空き家を含む「非住家《ひじゅうか》」は入っていません。

メンテナンスが行き届いていない非住家は、能登に限らず全国的に増えています。行政が非住家の耐震化を進め、インターネットなどを使えるようにすれば、テレワークやワーケーションの拠点《きょてん》になり得ます。そうした関係人口を増やす工夫などを進めなければ、消滅可能性自治体がますます増えてしまいます。

新妻　おっしゃる通りですね。

福和　住宅土地統計調査を見れば一目瞭《りょう》然《ぜん》ですが、限界集落の耐震化はまったく進んでいません。全国平均が八七%であるのに対して、限界集落は一〇%台から二〇%台に留まっているのです。つまり、耐震化が進んでいるのは都市部だけなんです。それも、都市部が特段の努力をしているわけではなく、新しい建物がどんどん建っているからです。しかも耐震化率は棟数ではなく戸数ベースで計算するので、例えば二百戸の集合住宅ができれば二百件と数えられる。その上、耐震化率には空き家は含まれない。こうして〝都合のいい数字〟だけが表に出てきてしまうんです。このあたりのことを、新妻さんには改善してもらいたいです。

新妻　都合のいい数字ばかりが出てくると言えば、能登半島地震においても、発災後約五カ月で、断水した水道の九八%が復旧したという報告が中央省庁からありました。しかし、それはあくまで本管の復旧で、各戸の入口までだったのです。支管となる宅内配管は修繕《しゅうぜん》できておらず、被災者のお宅では蛇口《じゃぐち》をひねっても水が出てこないという状況が続きました。

公明党はまさに防災・減災をリードしている政党です。市民目線で政策を考えられるところが公明党の強みです。

事前防災を強化したほうが費用も圧倒的に少ない

福和　住宅内の配管の修理は、住民が自分でしなければならない。復旧作業に立ちはだかる大きな壁は、住宅への公費の投入です。住宅はあくまで個人財産なので、現状では公費を投入できないのです。これは、防災対策においても同じです。しかし、災害時に孤立可能性が高い過疎《かそ》地域には積極的に事前防災の手を打たなければ、命を見捨てることになりかねません。

ゆえに、何らかのかたちで公費を投入すべきだと私は考えています。それをテコにすれば、防災対策はもっと広がります。事前防災を強化して災害被害を軽減できれば、大切な命を守れますし、使うお金も圧倒的に少なくなります。

新妻　おっしゃる通りです。私は事前防災を充実させるためにも、抜本的に法体系を変えなければならないと考えています。現《げん》下《か》の法体系では、ビルド・バック・ベター（よりよい復興）もできないんです。

また、先ほどの都合のいい数字という問題があります。例えば瓦礫《がれき》の仮置場について、都道府県は一〇〇%、市区町村は八〇%強が確保済としていますが、実は南海トラフ巨大地震などの大規模災害時も実効性があるかどうかは定かではありません。こうした点も、しっかりと対策を促《うなが》していきたいと思います。

福和　ぜひお願いします。事前防災を進めなければ、南海トラフ巨大地震では最悪の場合、能登半島地震の数百倍の被害が想定されます。

　また別の観点から重要なのは、公務員を責めないことです。現状は、防災・減災にかかわる公務員の数や予算が少なすぎるなか、頑張っておられるのです。私は、そうした行政の厳《きび》しい実情を正直に語れる社会にしていく必要があると思います。

　冒頭に行政への依存度が高くなっていると述べましたが、その行政に対して批判したり怒ったりする人はいても、解決策を自ら考えたり、行動したりする人はほとんどいません。行政の実力をありのままに示すことが、人々の自立や努力を促すことになるはずです。

能登半島地震の被災地を視察する新妻氏（左から２人目）ら公明党議員（2024年２月）

〝空振り〟ではなく〝素振り〟と捉える

新妻　二〇二四年八月に気象庁は「南海トラフ地震臨時情報（巨大地震注意）」を初めて発表しました。一般の人々は、こうした情報をどう受け止めればよいのでしょうか。

福和　そもそも地震の予知は難しいと思います。ただし、過去の地震を見てみると、東日本大震災しかり、M7クラスの地震の後に、連動してM8やM9クラスの地震が起きた事例があります。南海トラフの震源域でも同様のケースが起き得るので、大きな地震が起きた際には、次に発生する地震への警戒を呼び掛けておくに越したことはありません。「巨大地震注意」は〝大きな地震の発生が切迫《せっぱく》している〟と伝えるものではなく、人々に注意を促し、日頃の防災対策の点検や、その後の国や自治体の情報発信に留意《りゅうい》してもらうためのメッセージなんです。
　実際にはほとんど巨大地震には至らないわけですが、それは〝空振《からぶ》り〟ではなく、本番に備えるという意味で〝素振《すぶ》り〟だと捉《とら》えるべきです。

新妻　私自身も福和先生が常日頃から啓発されているように、家具の固定や避難経路、家族との連絡の取り方などを、改めて確認しました。
　「巨大地震注意」の発表後、一部で食料品の買い占《し》めがありましたが、大きなパニックは起きませんでした。先生は、人々の受け止め方をどのようにご覧になっていましたか。

福和　「巨大地震注意」については、残念ながら周知が十分ではありませんでしたが、大きなパニックが起きなかったのはよかったと思っています。一つは人々がコロナ禍《か》における緊急事態宣言を経験していたこと、もう一つはマスメディアが冷静に報道したからだと見ています。

実は、二三年二月に長周期地震動を考慮した緊急地震速報を導入し、高層ビルのエレベーターを事前に停止させることができるようになっていました。また、JR東海に東海沖の海底地震計のデータが直接送られる仕組みができたことで、新幹線もギリギリまで運行できるようになっています。これらも、大きなパニックが起きなかった要因です。

災害対応には何よりもスピードが重要だと痛感しました。公明党は、これまでの災害対応の知見を総動員し、事前防災対策を強化してまいります。

防災庁を機能的な機関にするために

新妻　福和先生は常々、防災・減災を自分事として捉えることの重要性を訴《うった》えておられます。先生の講演で印象的だったのは、「まずはあなたが怪我《けが》をしないこと。怪我をしなければ助ける側に回れる」という言葉でした。災害時に、まず自分自身の安全を守ること（自助《じじょ》）で、周囲の人たちと助け合うこと（共助）ができるのですね。

福和　その通りです。私は、能登半島地震を踏《ふ》まえた災害対応検討ワーキンググループの主査を務めました。二四年十一月に報告書を取りまとめ、政府に提出したのですが、そこでは大きく三つの課題を挙げました。すなわち①国や地方自治体だけでなく民間も含めた総力戦で臨《のぞ》むこと、②自助と共助を促す仕組みをつくること、③新しい技術を取り入れ、防災ビジネスで世界に打って出ていくこと――の三点です。この三点を具現化していくためには、やはり防災庁の実現が望まれます。

新妻　公明党は防災庁の設置を、先の衆院選の公約に掲《かか》げました。防災庁は、しっかりとした司令塔《しれいとう》機能を持ち、なおかつ被災者に寄り添い、きめ細やかな対応ができる機関でなければなりません。防災庁の設置を契機《けいき》に、現状は極めて複雑な法体系も整理したいと考えています。

福和　重要なことがいくつかあります。まずは、防災庁に人員が割《さ》かれることで、他の省庁の人員を減らさないことです。また、目の前の課題解決に翻弄《ほんろう》されるのではなく、中長期的な視野で防災・減災に関する抜本的な議論ができる防災庁にする必要があります。

　その上で、私が最も大切だと思うのは、地方に内閣府防災の出先機関をつくることです。これがなければ、いくら全体を統括する防災庁ができたとしても、機能的な防災・減災政策はできません。

新妻　おっしゃる通りです。非常に重要な提言だと思います。

日本の国土をよりよくする好機

新妻　公明党は結党以来、生命・生活・生存を最大限に尊重《そんちょう》する人間主義と、徹底した現場主義を貫《つらぬ》いてきました。私自身は、東日本大震災が起きた際の民主党政権のあまりにも緊張感のない対応を目の当たりにして、災害対応には何よりもスピードが重要だと痛感しました。公明党は、これまでの災害対応の知見を総動員し、事前防災対策を強化してまいります。

二四年の臨時国会では、避難所の環境改善のためにエアコン設置やトイレ・キッチン・ベッド・風呂《ふろ》などの充実化の予算を大幅に確保できました。ドローンや衛星による被災状況の把握《はあく》など、新技術の導入も加速させます。

福和　国土交通大臣を公明党の議員が務めるようになって、国交行政は防災・減災に大きく舵《かじ》を切りました。これはすごく意義があることです。公明党はまさに防災・減災をリードしている政党です。市民目線で政策を考えられるところが公明党の強みですし、国会議員と地方議員が連携してボトムアップ型の政策を進められていることは本当に素晴らしいと思います。

　だからこそお願いしたいのは、自然災害が起きても住民の皆さんが避難所に行かなくても済む社会づくりです。そのために重要なのは住家の耐震化の推進です。まずは国の責任で無料の耐震診断をしてもらいたい。その上で、可能であれば耐震化の助成も検討していただきたい。

新妻　とても大事な視点だと思います。

福和　ともあれ、南海トラフ地震に備えなければならない現在は、日本の国土全体をよりよい方向につくり変える好機でもあります。防災教育をはじめ、日本が世界に誇《ほこ》る技術の輸出はこの国の希望にもなるはずです。弱みを強みに変えていけるかは政治にかかっています。特に大切なのは愛知です。愛知は東京や大阪とは異なり、国の予算に頼らずに街づくりを行ってきた経緯があります。そうした中部のよさを生かして、新妻さんには頑張っていただきたい。

新妻　ありがとうございます。本日いただいた貴重なアドバイスを生かして、公明党が更に力強く防災・減災をリードし、誰もが安心して暮らせる社会を築くために、全力で働いてまいります。

ビジョン3

日本の未来を拓く「ひとづくり」

- 給付型奨学金、自治体・企業による奨学金返還支援制度を拡充します。
- 女性の活躍支援、外国人材の育成を強化し、活力みなぎる共生社会を築きます。
- 「こども誰でも通園制度」「学童保育」を拡充し、子育て世代を支援します。

新妻 ひでき

プロフィール

Hideki Niizuma

- 1970年7月22日 埼玉県越谷市生まれ　54歳
- 東京大学工学部卒、同大学院航空宇宙工学系研究科修了
- 東大ラグビー部で活躍（ポジションはフランカー）
- 川崎重工業株式会社勤務（2012年4月まで）
- 技術士（総合技術監理部門、航空・宇宙部門）
- 2013年7月 参議院議員初当選
- 文部科学大臣政務官、参議院災害対策特別委員長、復興副大臣等を歴任
- 公明党国際委員長、同文化芸術局次長
- 特技：英語（英検1級、国連英検特A級）
- 趣味：乗り鉄（こうめい鉄道部員）
- 家族：妻、子ども3人

1《ビジョン》

世界に誇る日本の「ものづくり」

- 「ものづくり補助金」「IT 導入補助金」等を拡充し、中小企業を応援します。
- 地方大学、若手研究者への支援を強化し、科学技術立国を再興します。
- 技術士の知見を生かし、技術の継承と「次世代ものづくり」を支援します。

VISION《ビジョン》 2025

2《ビジョン》

誰もが安心・快適な「まちづくり」

- 各市町村で事前防災を整備し、地震・豪雨等の災害対策を強化します。
- 地域の特色を生かしたスマートシティを推進。持続可能なまちを築きます。
- 地域公共交通の確保、バリアフリー化を進め、快適なまちづくりを推進します。

携帯・保存版「いのちを守る防災カード」ダウンロード用サイトのご案内

ブックレット『暮らしと命を守る 明日への挑戦』をご購読くださった皆様のために、公明党「東海 防災・減災力UPプロジェクト」が作成した「いのちを守る防災カード」を、ダウンロードしていただけるサイトをご用意しました。

右記の二次元バーコード（またはURL）より、ダウンロードサイトにアクセスし、防災カードをプリントアウトの上、ご活用ください。

表面には、避難場所や家族の集合場所、非常持出品の保管場所などを記入、さらに、風水害にそなえるための「マイ・タイムライン」とハザードマップにアクセスできる二次元バーコードなどを掲載。裏面にはクイズ形式の防災力チェックや、災害用伝言ダイヤルの利用方法も掲載されています。

いざという時に、大切な命を守るための行動について、ご家族や友人の皆様方と語り合うきっかけとしていただけたら幸いです。

https://www.usio.co.jp/topics/presents/27471.html
こちらのサイトの「いのちを守る防災カード」は、パソコン・スマホからダウンロードできます。

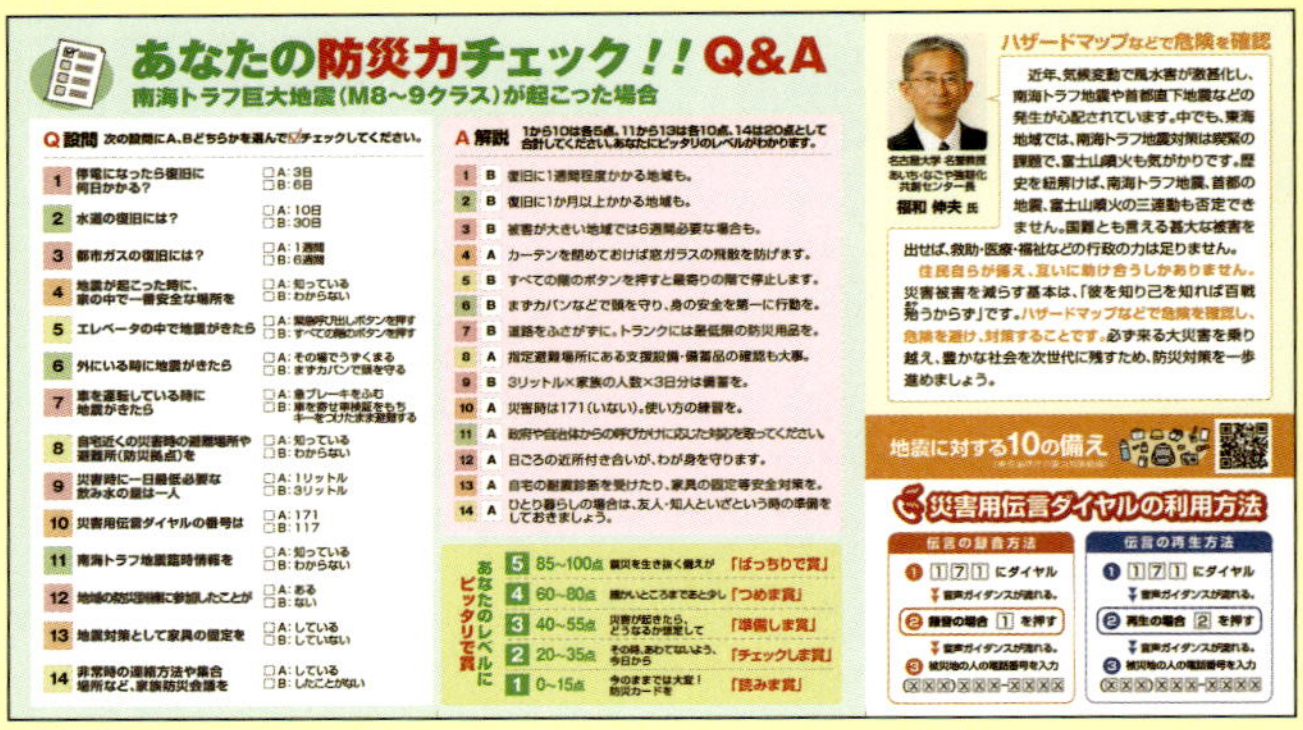

ブックレット
暮らしと命を守る 明日への挑戦

2025年3月16日　初版発行

●編者／「潮」編集部
●発行者／前田直彦
●発行所／株式会社 潮出版社
〒102-8110　東京都千代田区一番町6 一番町SQUARE
●電話／03-3230-0781（編集）
03-3230-0741（営業）
●振替口座／00150-5-61090　●印刷・製本／TOPPAN株式会社

ISBN978-4-267-02447-4 C0036

潮出版社ホームページURL◆　www.usio.co.jp